WHAT IS IT ABOUT

Passwords are the most common way to prove your identity when using websites, email accounts and your computer itself (via User Accounts). The use of strong passwords is therefore essential in order to protect your security and identity.However, so as not to forget our passwords we tend not to change it only rarely, which affects our security and that of our data.

PASSWORD REMINDER NOTEBOOK is a solution for this problem. It will allow you to change your password often without forgetting it thanks to an old cypher system which you don't have to master, just follow the instructions.

INSTRUCTIONS

Each time you want to change your passwords, you open this notebook the first page will contain a numbered alphanumeric column ranging from 1 to 38, it is only the first number corresponding to the letter A that you are called to learn instead of your passwords.

You code your password like the following and you write THE RESULT down on the next page and you tear up this page. Remember that you should learn the number corresponding to the letter A BEFORE tearing it up.

So far you, we have an absent page (the one we used for coding), and an incomprehensible word written on this page (this gibberish hides our password from others but it is kept for us) because we can recover our passwords we do the opposite thanks to the number we learned by heart.

In this way, i will always note down my password in my notebook in a way no body will decipher it .Even if i lose my notebook nobody knows what is it about.

REFERENCE PAGE

A	1		T	20
B	2		U	21
C	3		V	22
D	4		W	23
E	5		X	24
F	6		Y	25
G	7		Z	26
H	8		1	27
I	9		2	28
J	10		3	29
K	11		4	30
L	12		5	31
M	13		6	32
N	14		7	33
O	15		8	34
P	16		9	35
Q	17		&	36
R	18		#	37
S	19		@	38

THIS IS THE NORMAL ORDER OF OUR LETTERS AND NUMBERS FOR OUR PASSWORD

A	5	E		T	X
B		F		U	Y
C		G		V	Z
D		H		W	1
E		I		X	2
F		J		Y	3
G		K		Z	4
H		L		1	5
I		M		2	6
J		N		3	7
K		O		4	8
L		P		5	9
M		Q		6	&
N		R		7	#
O		S		8	@
P		T		9	A
Q		U		&	B
R		V		#	C
S		W		@	D

In this page I had 5 to learn. I code my password
assuming my password is "BOB @"
then the code is ...?......

in the reference page above 5 is corresponding
to E, so i write down the column with a lead
pencil. So i get A is replaced by E and B by F
and so on....

So BOB@ became FKFD

Decoding page

To recover (decode) our password, let proceed as follow.....YOU STILL REMEMBER THE NUMBER 5 ! which is E in the referencing page so let write with a pencil E in front of A...and so on

FKFD

A	E	T	X
B	F	U	Y
C	G	V	Z
D	H	W	1
E	I	X	2
F	J	Y	3
G	K	Z	4
H	L	1	5
I	M	2	6
J	N	3	7
K	O	4	8
L	P	5	9
M	Q	6	&
N	R	7	#
O	S	8	@
P	T	9	A
Q	U	&	B
R	V	#	C
S	W	@	D

So our password is B (for F) O (for K) @ for D .
So we get BOB@

ENJOY THE SAFETY !

3

A
B
C
D
E
F
G
H
I
J
K
L
M
N
O
P
Q
R
S

T
U
V
W
X
Y
Z
1
2
3
4
5
6
7
8
9
&
#
@

This page is to be cut after use !

Week №

My password of the week（or month）

DECODING PAGE

A
B
C
D
E
F
G
H
I
J
K
L
M
N
O
P
Q
R
S

T
U
V
W
X
Y
Z
1
2
3
4
5
6
7
8
9
&
#
@

Always use this page to decode with a pencil

6

A
B
C
D
E
F
G
H
I
J
K
L
M
N
O
P
Q
R
S

T
U
V
W
X
Y
Z
1
2
3
4
5
6
7
8
9
&
#
@

Week №

My password of the week（or month）

A
B
C
D
E
F
G
H
I
J
K
L
M
N
O
P
Q
R
S

T
U
V
W
X
Y
Z
1
2
3
4
5
6
7
8
9
&
#
@

Week №

My password of the week (or month)

2

A
B
C
D
E
F
G
H
I
J
K
L
M
N
O
P
Q
R
S

T
U
V
W
X
Y
Z
1
2
3
4
5
6
7
8
9
&
#
@

Week №

My password of the week (or month)

11

A
B
C
D
E
F
G
H
I
J
K
L
M
N
O
P
Q
R
S

T
U
V
W
X
Y
Z
1
2
3
4
5
6
7
8
9
&
#
@

Week №

My password of the week （or month）

8

A
B
C
D
E
F
G
H
I
J
K
L
M
N
O
P
Q
R
S

T
U
V
W
X
Y
Z
1
2
3
4
5
6
7
8
9
&
#
@

Week № . . . .

My password of the week (or month)

A 12
B
C
D
E
F
G
H
I
J
K
L
M
N
O
P
Q
R
S

T
U
V
W
X
Y
Z
1
2
3
4
5
6
7
8
9
&
#
@

Week №

My password of the week (or month)

A 22
B
C
D
E
F
G
H
I
J
K
L
M
N
O
P
Q
R
S

T
U
V
W
X
Y
Z
1
2
3
4
5
6
7
8
9
&
#
@

Week №

My password of the week (or month)

A 30

T U V W X Y Z 1 2 3 4 5 6 7 8 9 & # @

B C D E F G H I J K L M N O P Q R S

Week №

My password of the week (or month)

A 14
B
C
D
E
F
G
H
I
J
K
L
M
N
O
P
Q
R
S

T
U
V
W
X
Y
Z
1
2
3
4
5
6
7
8
9
&
#
@

Week № ....

My password of the week（or month）

10

A
B
C
D
E
F
G
H
I
J
K
L
M
N
O
P
Q
R
S

T
U
V
W
X
Y
Z
1
2
3
4
5
6
7
8
9
&
#
@

Week №

My password of the week (or month)

5

A
B
C
D
E
F
G
H
I
J
K
L
M
N
O
P
Q
R
S

T
U
V
W
X
Y
Z
1
2
3
4
5
6
7
8
9
&
#
@

Week №

My password of the week（or month）

A 13

B

C

D

E

F

G

H

I

J

K

L

M

N

O

P

Q

R

S

T

U

V

W

X

Y

Z

1

2

3

4

5

6

7

8

9

&

#

@

Week №

My password of the week（or month）

A 25
B
C
D
E
F
G
H
I
J
K
L
M
N
O
P
Q
R
S

T
U
V
W
X
Y
Z
1
2
3
4
5
6
7
8
9
&
#
@

Week №

My password of the week (or month)

17

A
B
C
D
E
F
G
H
I
J
K
L
M
N
O
P
Q
R
S

T
U
V
W
X
Y
Z
1
2
3
4
5
6
7
8
9
&
#
@

Week №

My password of the week (or month)

A
B
C
D
E
F
G
H
I
J
K
L
M
N
O
P
Q
R
S
T
U
V
W
X
Y
Z
1
2
3
4
5
6
7
8
9
&
#
@

Week №

My password of the week (or month)

A 31
B
C
D
E
F
G
H
I
J
K
L
M
N
O
P
Q
R
S

T
U
V
W
X
Y
Z
1
2
3
4
5
6
7
8
9
&
#
@

Week №

My password of the week (or month)

Congratulations !

you no longer have to worry about your password, PASSWORD REMINDER takes care of it.

Choosing the Best Passwords

- Use a strong, separate password for your email account.
- To create a strong password, simply choose three random words.
- Numbers, symbols can be used if you feel you need to create a stronger password, or the account you are creating a password for requires more than just letters
- Don't use your username, actual name or business name as a password.

www.ingramcontent.com/pod-product-compliance
Lightning Source LLC
Chambersburg PA
CBHW061447160726
47995CB00003B/1070